AF186875

Impressum
Verlag: BABADADA GmbH, Nedderfeld 112 , 22529 Hamburg
Geschäftsführer / Verlagsleitung: Harald Hof
Druck: Books on Demand GmbH, In de Tarpen 42, 22848 Norderstedt

Imprint
Publisher: BABADADA GmbH, Nedderfeld 112 , 22529 Hamburg, Germany
Managing Director / Publishing direction: Harald Hof
Print: Books on Demand GmbH, In de Tarpen 42, 22848 Norderstedt

escola
Schule

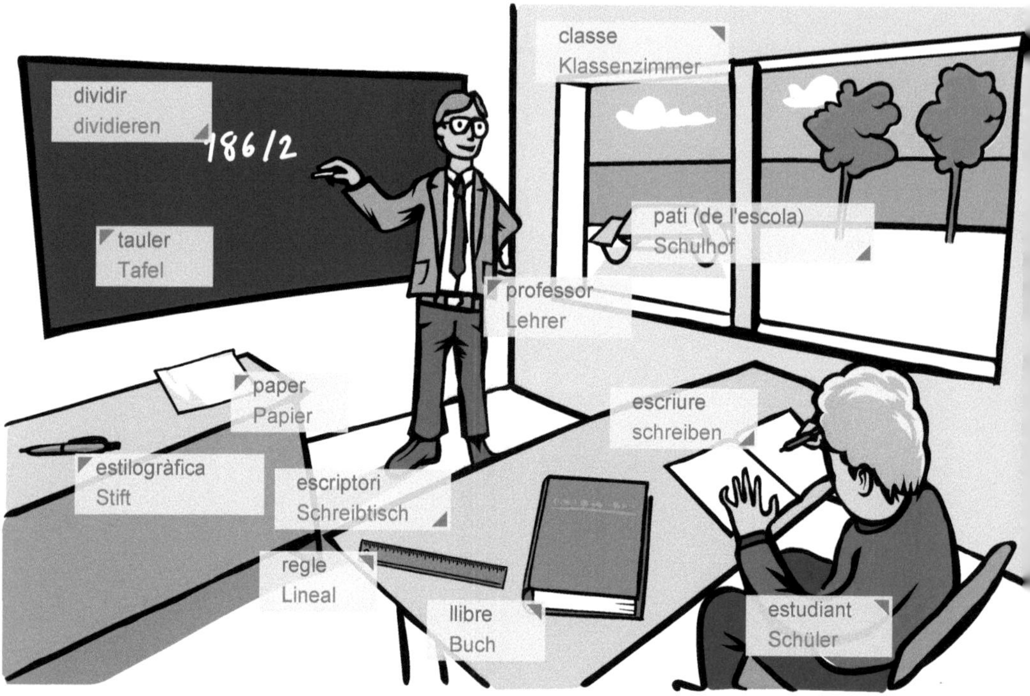

classe
Klassenzimmer
dividir
dividieren
186/2
tauler
Tafel
pati (de l'escola)
Schulhof
professor
Lehrer
paper
Papier
escriure
schreiben
estilogràfica
Stift
escriptori
Schreibtisch
regle
Lineal
llibre
Buch
estudiant
Schüler

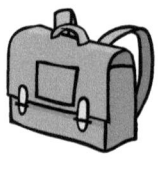

bossa

Ranzen

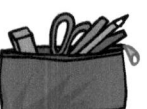

estoig

Federmappe

llapis

Bleistift

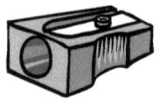

maquineta de fer punta

Bleistiftanspitzer

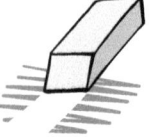

goma

Radiergummi

bloc de dibuix

Zeichenblock

dibuix

Zeichnung

pinzell

Pinsel

capsa de pintures

Malkasten

tisores

Schere

cola

Klebstoff

quadern d'exercicis

Übungsheft

deures

Hausaufgabe

nombre

Zahl

afegir

addieren

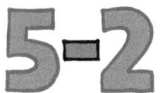

sostreure

subtrahieren

multiplicar

multiplizieren

calcular

rechnen

lletra

Buchstabe

alfabet

Alphabet

mot

Wort

text

Text

llegir

lesen

guix

Kreide

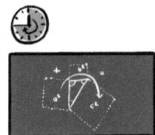

lliçó

Stunde

llibre de classe

Klassenbuch

examen

Prüfung

certificat

Zeugnis

uniforme escolar

Schuluniform

formació

Ausbildung

enciclopèdia

Lexikon

universitat

Universität

microscopi

Mikroskop

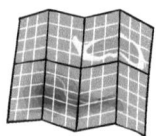

mapa

Karte

paperera

Papierkorb

escola - Schule

viatge
Reise

hotel
Hotel
Grand
alberg
Herberge
ROOMS
oficina de canvi
Wechselstube
maleta
Koffer
automòbil
Auto

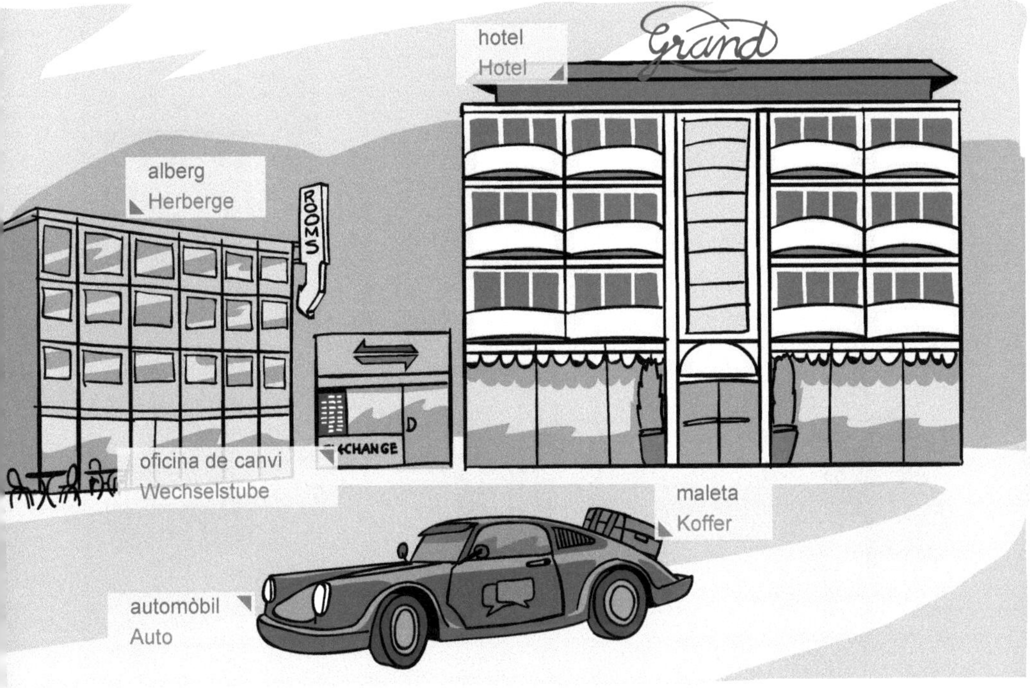

llengua

Sprache

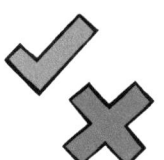

sí / no

ja / nein

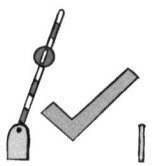

D'acord

Okay

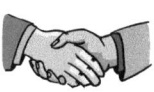

Ey!

Hallo

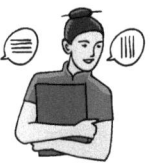

traductora

Übersetzer

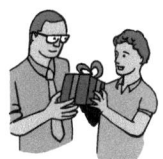

gràcies

Danke

Quant costa... ?

Was kostet...?

No entenc

Ich verstehe nicht

problema

Problem

Bona nit!

Guten Abend!

bon dia!

Guten Morgen!

bona nit!

Gute Nacht!

fins aviat

Auf Wiedersehen

direcció

Richtung

bagatge

Gepäck

bossa

Tasche

sarrona

Rucksack

convidat

Gast

cambra

Zimmer

sac de dormir

Schlafsack

tenda

Zelt

oficina de turisme

Touristeninformation

platja

Strand

carta de crèdit

Kreditkarte

esmorzar

Frühstück

dinar

Mittagessen

sopar

Abendessen

bitllet

Fahrkarte

ascensor

Fahrstuhl

segell

Briefmarke

frontera

Grenze

duana

Zoll

ambaixada

Botschaft

visat

Visum

passaport

Pass

transport
Transport

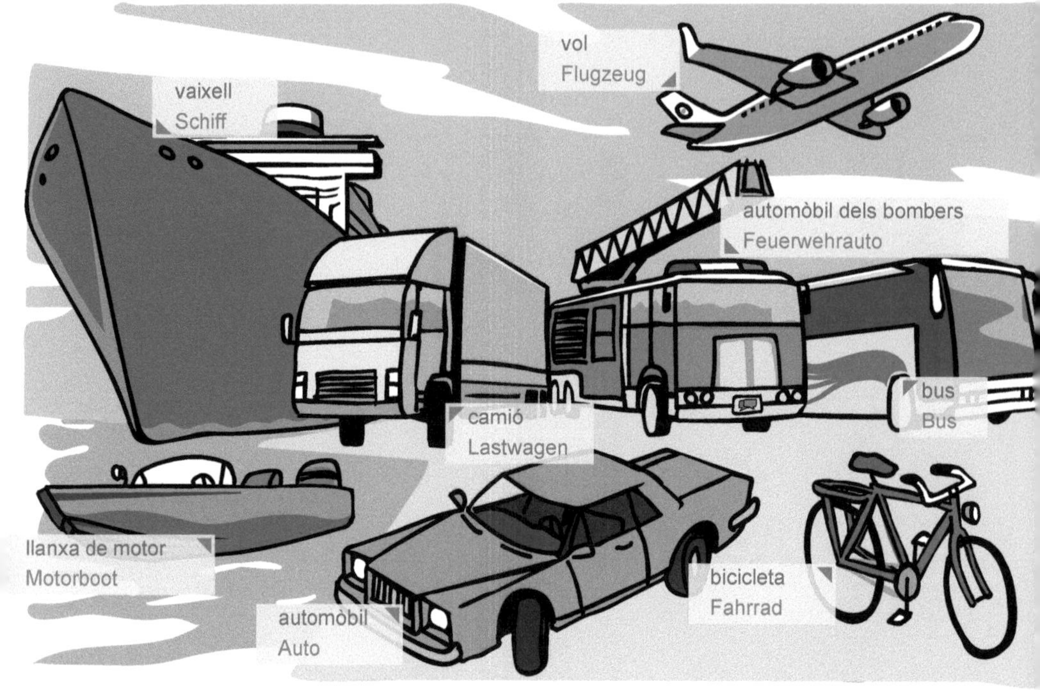
vaixell
Schiff
vol
Flugzeug
automòbil dels bombers
Feuerwehrauto
camió
Lastwagen
bus
Bus
llanxa de motor
Motorboot
bicicleta
Fahrrad
automòbil
Auto

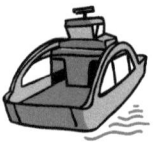

transbordador

Fähre

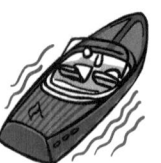

barca

Boot

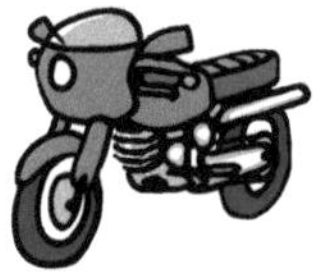

moto

Motorrad

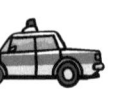

automòbil de policia

Polizeiauto

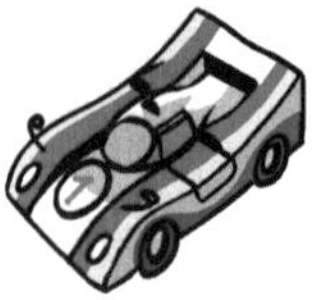

automòbil de curses

Rennauto

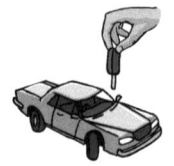

automòbil de lloguer

Mietwagen

vehicle compartit

Carsharing

grua

Abschleppwagen

camió de les escombraries

Müllauto

motor

Motor

benzina

Kraftstoff

benzineria

Tankstelle

senyal de trànsit

Verkehrsschild

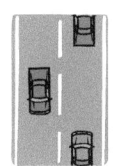

trànsit

Verkehr

embús

Stau

aparcament

Parkplatz

estació de trens

Bahnhof

vies

Schienen

tren

Zug

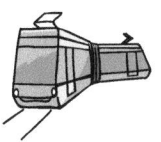

tramvia

Straßenbahn

vagó

Wagon

helicòpter

Helikopter

aeroport

Flughafen

torre

Tower

passatger

Passagier

contenidor

Container

capsa de cartó

Karton

carretó

Karren

cistella

Korb

enlairar-se / aterrar

starten / landen

ciutat

Stadt

poble

Dorf

centre de la ciutat

Stadtzentrum

casa

Haus

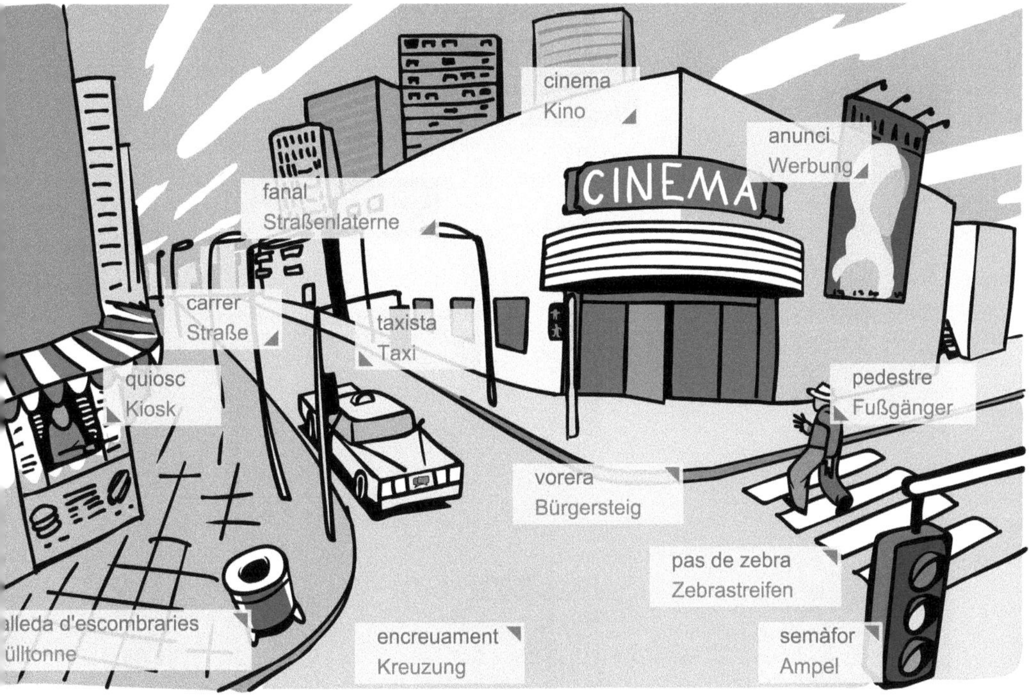

cinema
Kino

anunci
Werbung

fanal
Straßenlaterne

CINEMA

carrer
Straße

taxista
Taxi

quiosc
Kiosk

pedestre
Fußgänger

vorera
Bürgersteig

pas de zebra
Zebrastreifen

alleda d'escombraries
ülltonne

encreuament
Kreuzung

semàfor
Ampel

cabana

Hütte

apartament

Wohnung

estació de trens

Bahnhof

casa de la vila-ciutat

Rathaus

museu

Museum

escola

Schule

universitat

Universität

banca

Bank

hospital

Krankenhaus

hotel

Hotel

farmàcia

Apotheke

oficina

Büro

llibreria

Buchhandlung

botiga

Geschäft

floristeria

Blumenladen

supermercat

Supermarkt

mercat

Markt

gran magatzem

Kaufhaus

peixateria

Fischhändler

centre comercial

Einkaufszentrum

port

Hafen

parc

Park

banc

Bank

pont

Brücke

escala

Treppe

metro

U-Bahn

túnel

Tunnel

parada d'autobús

Bushaltestelle

bar

Bar

restaurant

Restaurant

bústia de correu

Briefkasten

senyal indicador

Straßenschild

parquímetre

Parkuhr

zoo

Zoo

piscina

Badeanstalt

mesquita

Moschee

granja

Bauernhof

pol·lució

Umweltverschmutzung

cementiri

Friedhof

església

Kirche

parc infantil

Spielplatz

temple

Tempel

paisatge
Landschaft

fulla
Blatt

cartell indicador
Wegweiser

camí
Weg

prat
Wiese

pedra
Stein

arbre
Baum

excursionista
Wanderer

riu
Fluss

gespa
Gras

flor
Blume

vall

Tal

muntanya

Berg

llac

See

bosc

Wald

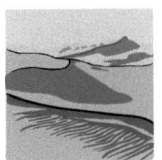

desert

Wüste

volcà

Vulkan

castell

Schloss

arc de Sant Martí

Regenbogen

bolet

Pilz

palmera

Palme

moscard

Moskito

mosca

Fliege

formiga

Ameise

abella

Biene

aranya

Spinne

paisatge - Landschaft

escarabat

Käfer

granota

Frosch

esquirol

Eichhörnchen

eriçó

Igel

llebre

Hase

òliba

Eule

ocell

Vogel

cigne

Schwan

senglar

Wildschwein

cervo

Hirsch

ant

Elch

presa

Staudamm

turbina

Windrad

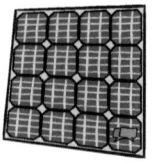

panell solar

Solarmodul

clima

Klima

cambrer
Kellner

menú
Speisekarte

cadira
Stuhl

sopa
Suppe

pizza
Pizza

tovalla
Tischdecke

coberts
Besteck

primer plat
Vorspeise

plat principal
Hauptgericht

darreries
Nachspeise

begudes
Getränke

menjar
Essen

ampolla
Flasche

menjar ràpid

Fastfood

menjar de carrer

Streetfood

tetera

Teekanne

sucrer

Zuckerdose

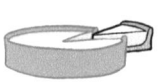

porció

Portion

màquina d'espresso

Espressomaschine

trona

Hochstuhl

factura

Rechnung

plata

Tablett

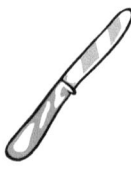

ganivet

Messer

forqueta

Gabel

cullera

Löffel

cullereta

Teelöffel

tovalló

Serviette

got

Glas

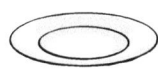

plat

Teller

plat de sopa

Suppenteller

plateret

Untertasse

salsa

Sauce

saler

Salzstreuer

molinet de pebre

Pfeffermühle

vinagre

Essig

oli

Öl

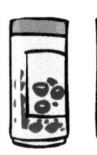

espècies

Gewürze

quètxup

Ketchup

mostassa

Senf

maionesa

Mayonnaise

supermercat
Supermarkt

oferta especial
Angebot
FOR
client
Kunde
productes lactis
Milchprodukte
fruites
Obst
carret de la compra
Einkaufswagen

BUTCHERS

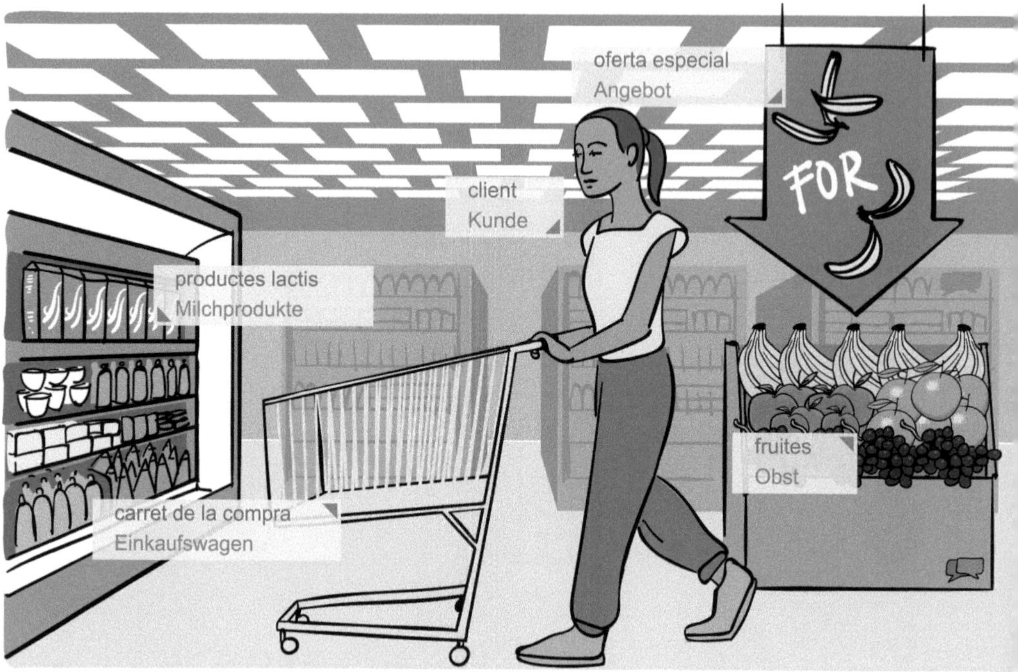

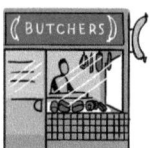

carnisseria

Schlachterei

BAKERY

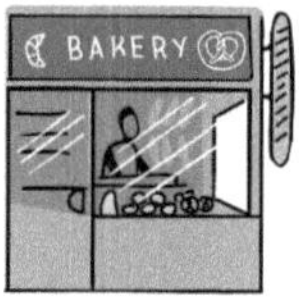

forn de pa

Bäckerei

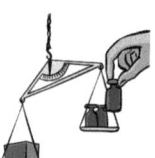

pesar

wiegen

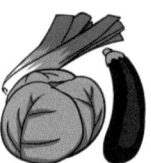

verdures

Gemüse

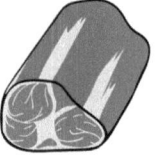

carn

Fleisch

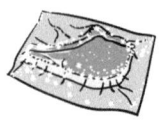

menjar congelat

Tiefkühlkost

carn freda

Aufschnitt

conserves

Konserven

detergent en pols

Waschmittel

dolços

Süßigkeiten

articles domèstics

Haushaltsartikel

productes de neteja

Reinigungsmittel

venedora

Verkäuferin

caixa registradora

Kasse

caixera

Kassierer

llista de la compra

Einkaufsliste

horari d'obertura

Öffnungszeiten

portamonedes

Brieftasche

carta de crèdit

Kreditkarte

bossa

Tasche

bossa de plàstic

Plastiktüte

aigua

Wasser

suc

Saft

llet

Milch

coca-cola

Cola

vi

Wein

cervesa

Bier

alcohol

Alkohol

cacau

Kakao

te

Tee

cafè

Kaffee

espresso

Espresso

cappuccino

Cappuccino

banana

Banane

poma

Apfel

taronja

Orange

síndria

Melone

llimona

Zitrone

pastanaga

Karotte

all

Knoblauch

bambú

Bambus

ceba

Zwiebel

bolet

Pilz

avellanes

Nüsse

fideus

Nudeln

espaguetis

Spaghetti

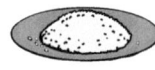

arròs

Reis

amanida

Salat

patates fregides

Pommes frites

patates fregides

Bratkartoffeln

pizza

Pizza

hamburguesa

Hamburger

entrepà

Sandwich

escalopa

Schnitzel

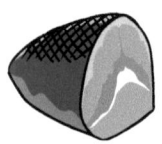

cuixot

Schinken

salami

Salami

salsitxa

Wurst

pollastre

Huhn

rostit

Braten

peix

Fisch

flocs de civada

Haferflocken

musli

Müsli

cereals

Cornflakes

farina

Mehl

croissant

Croissant

panet

Brötchen

pa

Brot

torrada

Toast

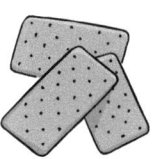

bescuits

Kekse

mantega

Butter

mató

Quark

pastís

Kuchen

ou

Ei

ou fregit

Spiegelei

formatge

Käse

gelat

Eiscreme

sucre

Zucker

mel

Honig

melmelada

Marmelade

crema de xocolata

Nougat-Creme

curri

Curry

granja
Bauernhof

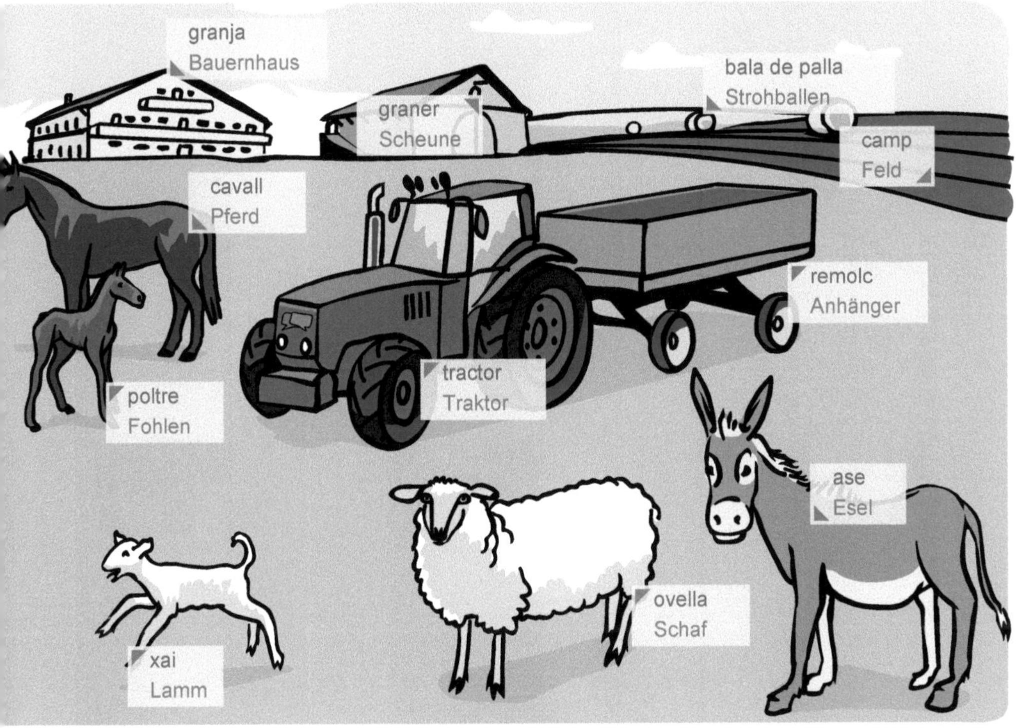
granja
Bauernhaus
graner
Scheune
bala de palla
Strohballen
camp
Feld
cavall
Pferd
remolc
Anhänger
tractor
Traktor
poltre
Fohlen
ase
Esel
ovella
Schaf
xai
Lamm

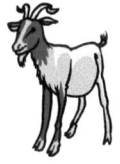

cabra
Ziege

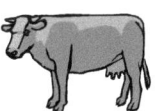

vaca
Kuh

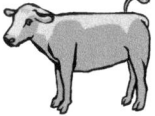

vedella
Kalb

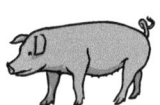

porc
Schwein

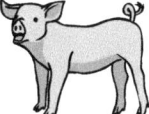

garrí
Ferkel

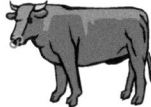

bou
Bulle

oca

Gans

ànec

Ente

poll

Küken

gall

Huhn

gallina

Hahn

rata

Ratte

gat

Katze

ratolí

Maus

bou

Ochse

gos

Hund

gossera

Hundehütte

mànega de regar

Gartenschlauch

regadora

Gießkanne

dalla

Sense

arada

Pflug

falç
....
Sichel

aixada
....
Hacke

forca
....
Mistgabel

destral
....
Axt

carretó
....
Schubkarre

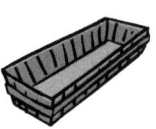

abeurador
....
Trog

lletera
....
Milchkanne

sac
....
Sack

tanca
....
Zaun

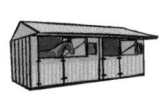

establa
....
Stall

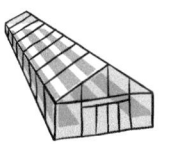

hivernacle
....
Treibhaus

sòl
....
Boden

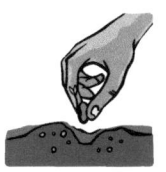

llavor
....
Saat

adob
....
Dünger

collidora
....
Mähdrescher

collir

ernten

collita

Ernte

nyam

Yamswurzel

blat

Weizen

soja

Soja

patata

Kartoffel

blat de moro o d'indi

Mais

colza

Raps

arbre fruiter

Obstbaum

mandioca

Maniok

cereals

Getreide

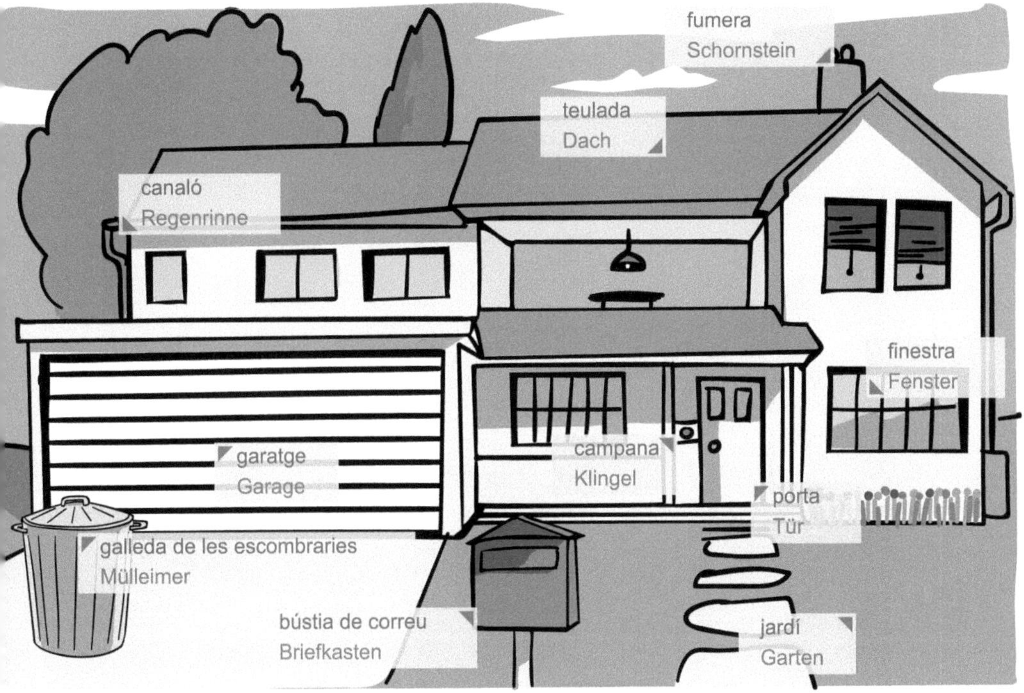

fumera
Schornstein

teulada
Dach

canaló
Regenrinne

finestra
Fenster

garatge
Garage

campana
Klingel

porta
Tür

galleda de les escombraries
Mülleimer

bústia de correu
Briefkasten

jardí
Garten

sala d'estar

Wohnzimmer

bany

Badezimmer

cuina

Küche

cambra de dormir

Schlafzimmer

cambra de nen

Kinderzimmer

menjador

Esszimmer

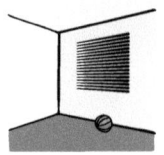

sòl
Boden

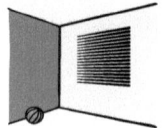

paret
Wand

sostre
Decke

soterrani
Keller

sauna
Sauna

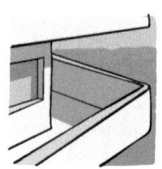

balcó
Balkon

terrassa
Terrasse

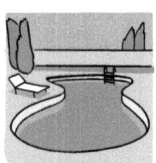

piscina
Schwimmbad

tallagespa
Rasenmäher

vànova
Bettbezug

cobrellit
Bettdecke

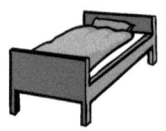

llit
Bett

escombra
Besen

galleda
Eimer

interruptor
Schalter

sala d'estar
Wohnzimmer

paper de paret
Tapete
quadre
Bild
làmpada
Lampe
prestatge
Regal
armari
Schrank
televisor
Fernseher
escalfapanxes
Kamin
flor
Blume
coixí
Kissen
sofà
Sofa
gerro
Vase
telecomanda
Fernbedienung

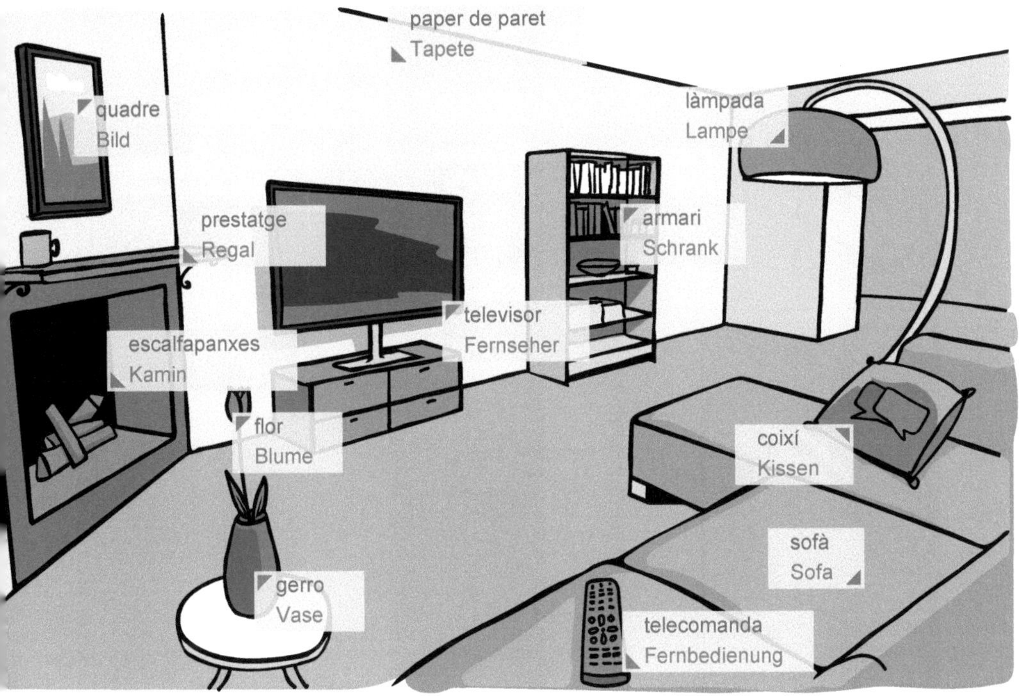

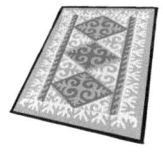

catifa

Teppich

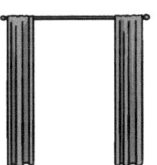

cortina

Vorhang

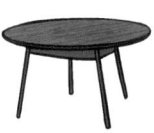

taula

Tisch

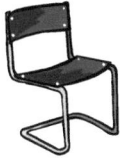

cadira

Stuhl

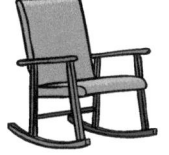

cadira gronxadora

Schaukelstuhl

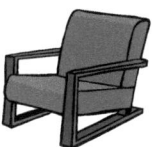

cadiral

Sessel

llibre

Buch

llençol

Decke

decoració

Dekoration

llenya

Feuerholz

film

Film

cadena de música

Stereoanlage

clau

Schlüssel

diari

Zeitung

pintura

Gemälde

cartell

Poster

ràdio

Radio

bloc de notes

Notizblock

aspiradora

Staubsauger

cactus

Kaktus

candela

Kerze

cuina
Küche

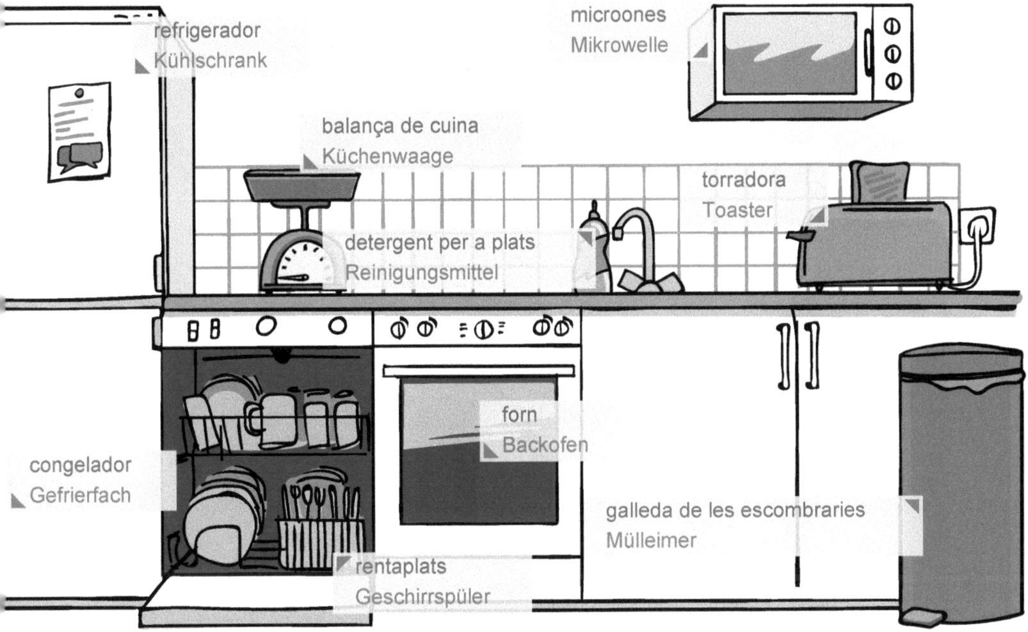

refrigerador
Kühlschrank
microones
Mikrowelle
balança de cuina
Küchenwaage
torradora
Toaster
detergent per a plats
Reinigungsmittel
forn
Backofen
congelador
Gefrierfach
galleda de les escombraries
Mülleimer
rentaplats
Geschirrspüler

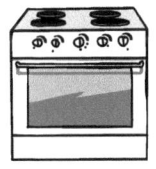

cuina de fogons
....
Herd

olla
....
Topf

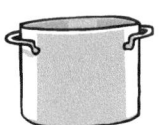

olla de ferro colat
....
Eisentopf

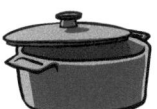

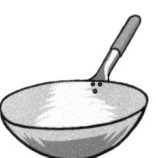

wok / karahi
....
Wok / Kadai

paella
....
Pfanne

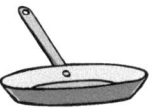

bullidor
....
Wasserkocher

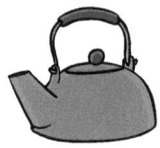

olla de vapor

Dampfgarer

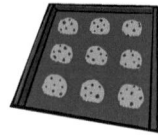

plata de forn

Backblech

vaixella

Geschirr

tassa grossa

Becher

bol

Schale

bastonets xinesos

Essstäbchen

culler

Suppenkelle

espàtula

Pfannenwender

batedor

Schneebesen

colador

Kochsieb

sedàs

Sieb

ratllador

Reibe

morter

Mörser

barbacoa

Grill

foc a terra

Feuerstelle

taula de tallar

Schneidebrett

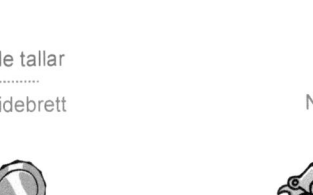

corró

Nudelholz

llevataps

Korkenzieher

pot de conserva

Dose

obridor

Dosenöffner

agafador

Topflappen

aigüera

Waschbecken

raspall

Bürste

esponja

Schwamm

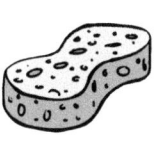

batedora

Mixer

congelador

Gefriertruhe

biberó

Babyflasche

aixeta

Wasserhahn

bany
Badezimmer

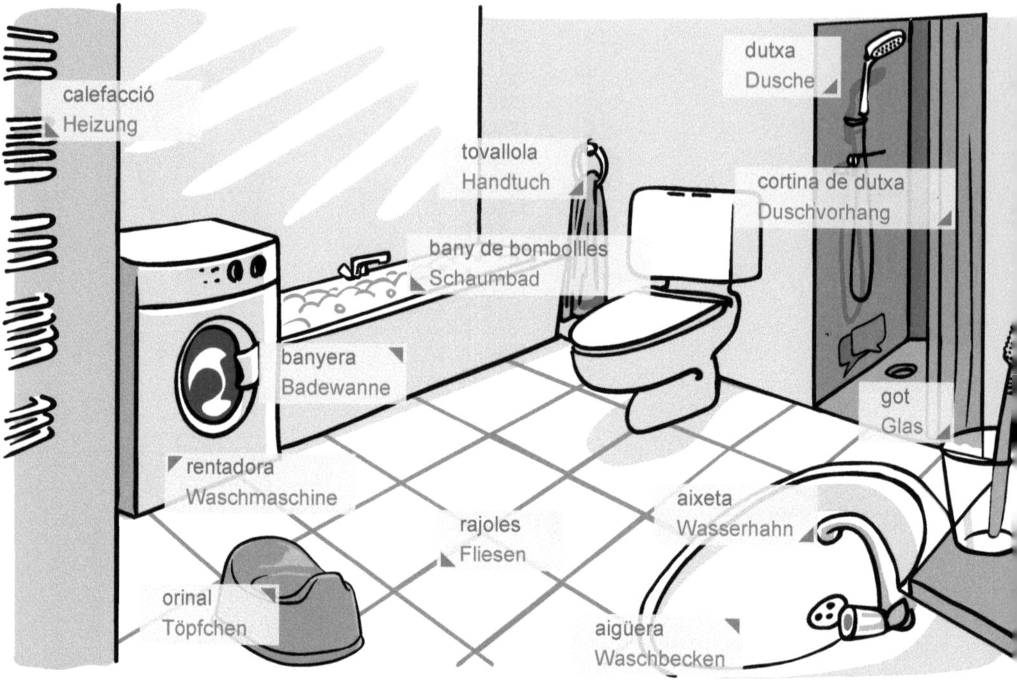
calefacció
Heizung
tovallola
Handtuch
dutxa
Dusche
cortina de dutxa
Duschvorhang
bany de bombollles
Schaumbad
banyera
Badewanne
rentadora
Waschmaschine
got
Glas
aixeta
Wasserhahn
rajoles
Fliesen
orinal
Töpfchen
aigüera
Waschbecken

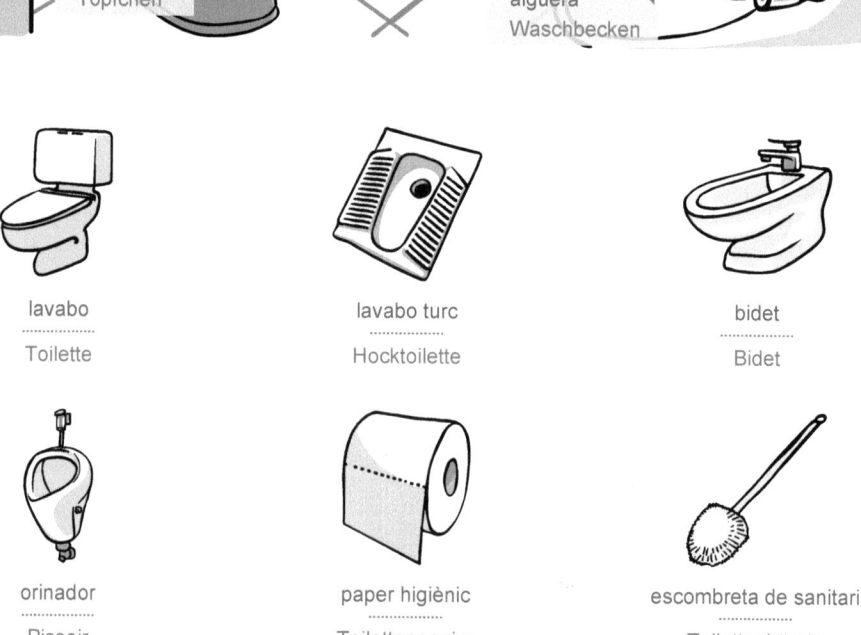

lavabo

Toilette

lavabo turc

Hocktoilette

bidet

Bidet

orinador

Pissoir

paper higiènic

Toilettenpapier

escombreta de sanitari

Toilettenbürste

raspall de dents

Zahnbürste

pasta de dents

Zahnpasta

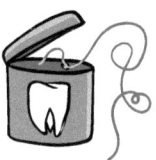

fil dental

Zahnseide

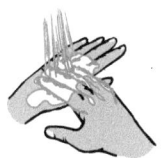

rentar

waschen

pom de dutxa

Handbrause

dutxa íntima

Intimdusche

rentamans

Waschschüssel

raspall per a l'esquena

Rückenbürste

sabó

Seife

gel de dutxa

Duschgel

xampú

Shampoo

manyopla de bany

Waschlappen

bonera

Abfluss

crema

Creme

desodorant

Deodorant

mirall

Spiegel

mirall-espill de mà

Kosmetikspiegel

maquineta de rasar

Rasierer

espuma de barbejar

Rasierschaum

loció post-rasada

Rasierwasser

pinta

Kamm

raspall

Bürste

eixugador

Föhn

laca

Haarspray

maquillatge

Makeup

pintallavis

Lippenstift

esmalt d'ungles

Nagellack

cotó

Watte

tallaungles

Nagelschere

perfum

Parfum

estoig de bellesa

Kulturbeutel

tamboret

Hocker

bàscula

Waage

barnús

Bademantel

guants de goma

Gummihandschuhe

compresa higiènica

Tampon

compresa

Damenbinde

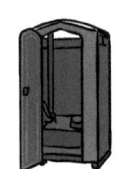

sanitari químic

Chemietoilette

cambra de nen
Kinderzimmer

despertador
Wecker
animal de peluix
Kuscheltier
auto de joguina
Spielzeugauto
sonall
Rassel
casa de nines
Puppenhaus
present
Geschenk

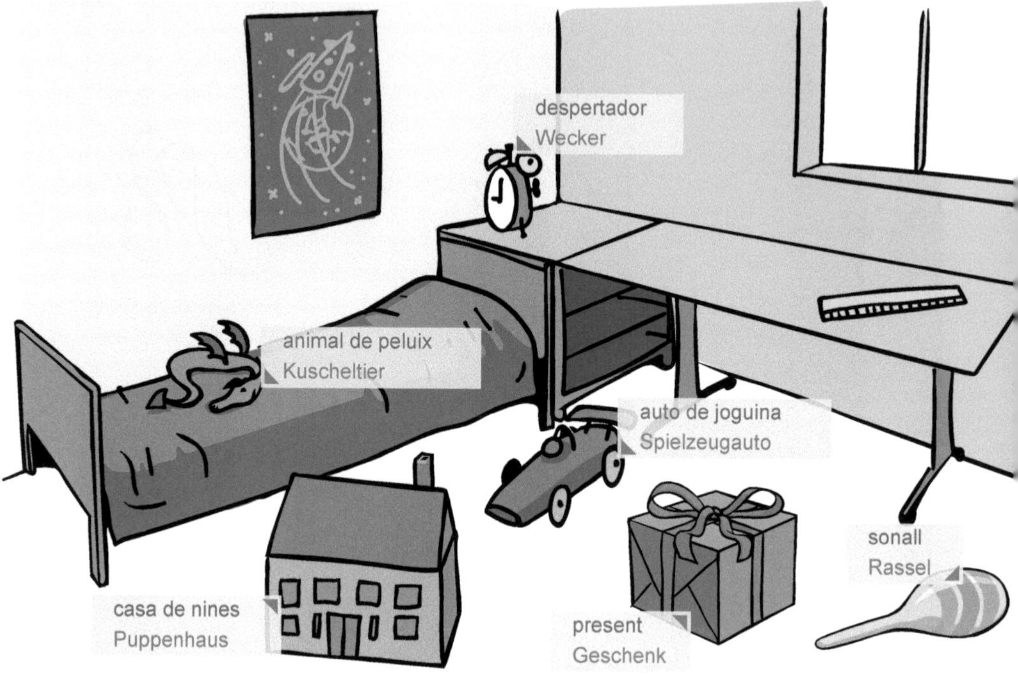

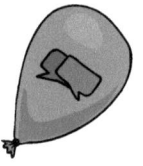

baló

Ballon

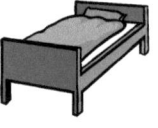

llit

Bett

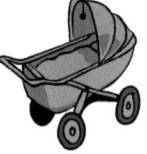

cotxet per a nens

Kinderwagen

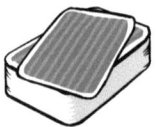

joc de cartes

Kartenspiel

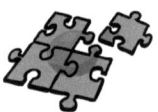

trencaclosca

Puzzle

historieta

Comic

peces de lego

Legosteine

peces de construcció

Bausteine

ninot d'acció

Action Figur

granota

Strampelanzug

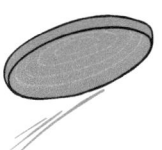

frisbee

Frisbee

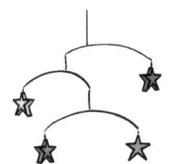

mòbil per a bressol

Mobile

joc de taula

Brettspiel

daus

Würfel

tren elèctric

Modelleisenbahn

xumet

Schnuller

festa

Party

llibre de dibuixos

Bilderbuch

pilota

Ball

nina

Puppe

jugar

spielen

sorrera

Sandkasten

gronxador

Schaukel

joguines

Spielzeug

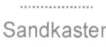

consola de jocs de vídeo

Spielkonsole

tricicle

Dreirad

osset de peluix

Teddy

armari

Kleiderschrank

roba

Kleidung

mitjons

Socken

mitges

Strümpfe

mitja pantaló

Strumpfhose

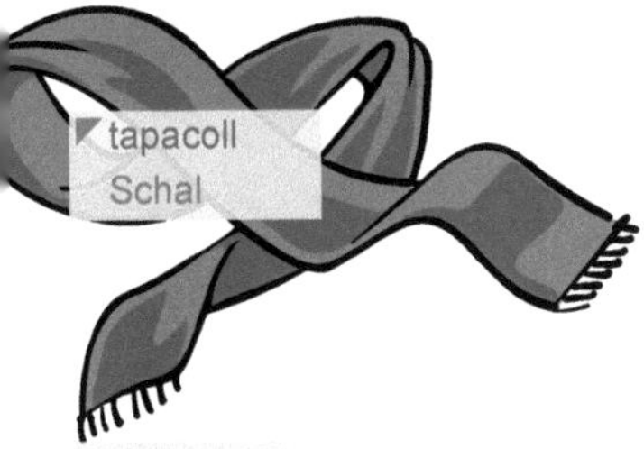

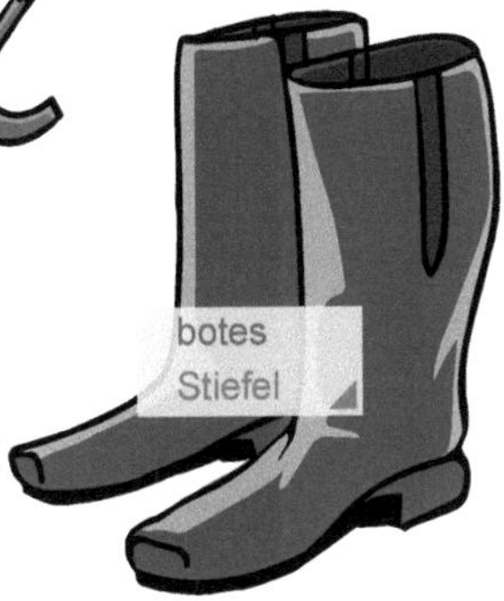

tapacoll
Schal

cintura
Gürtel

paraigua
Regenschirm

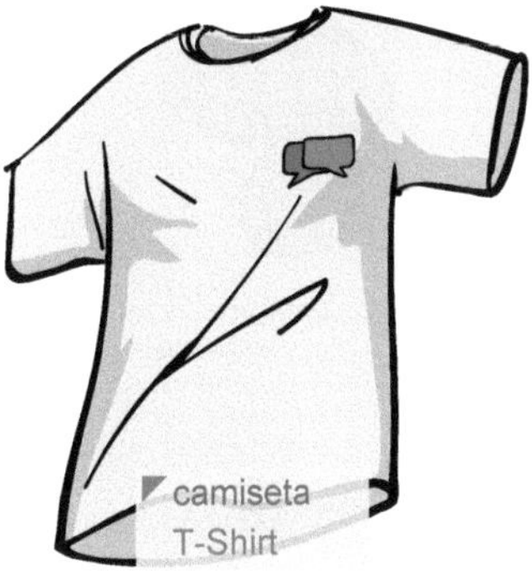

camiseta
T-Shirt

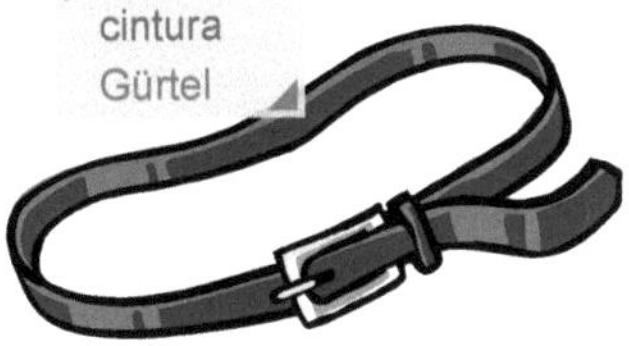

sabates d'esport
Turnschuhe

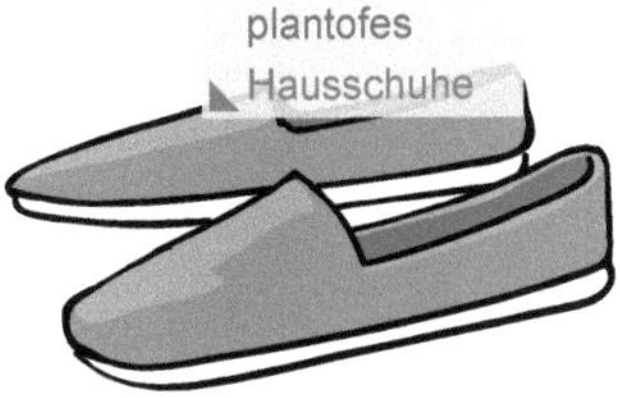

botes
Stiefel

plantofes
Hausschuhe

sandàlies
....
Sandalen

sabates
....
Schuhe

botes de goma
....
Gummistiefel

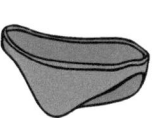

calçonets
....
Unterhose

sostenidor
....
Büstenhalter

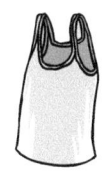

guardapits
....
Unterhemd

jjustacòs

Body

pantalons

Hose

jeans

Jeans

faldeta

Rock

brusa

Bluse

camisa

Hemd

jersei

Pullover

dessuadora

Kapuzenpullover

blazer

Blazer

jaqueta

Jacke

mantell

Mantel

impermeable

Regenmantel

vestit de dona

Kostüm

vestit de dona

Kleid

vestit de núvia

Hochzeitskleid

vestit d'home

Anzug

camisa de dormir

Nachthemd

pijama

Schlafanzug

sari

Sari

mocador de cap

Kopftuch

turbant

Turban

burca

Burka

caftan

Kaftan

abaia

Abaya

vestit de bany

Badeanzug

calçon(et)s de bany

Badehose

pantalons curts

Kurze Hose

xandall

Trainingsanzug

davantal

Schürze

guants

Handschuhe

botó
....
Knopf

ulleres
....
Brille

braçalet
....
Armband

collaret
....
Halskette

anell
....
Ring

orellera
....
Ohrring

casquet
....
Mütze

penjador
....
Kleiderbügel

capell
....
Hut

corbata
....
Krawatte

cremallera
....
Reißverschluss

casc
....
Helm

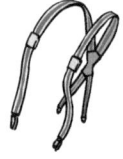

elàstics
....
Hosenträger

uniforme escolar
....
Schuluniform

uniforme
....
Uniform

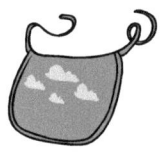

pitet

Lätzchen

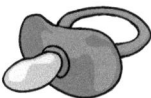

xumet

Schnuller

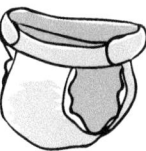

bolquer

Windel

oficina
Büro

servidor
Server
armari arxivador
Aktenschrank
impressora
Drucker
paper
Papier
monitor
Monitor
ratolí
Maus
escriptori
Schreibtisch
arxivador
Ordner
teclat
Tastatur
paperera
Papierkorb
ordinador
Computer
cadira
Stuhl

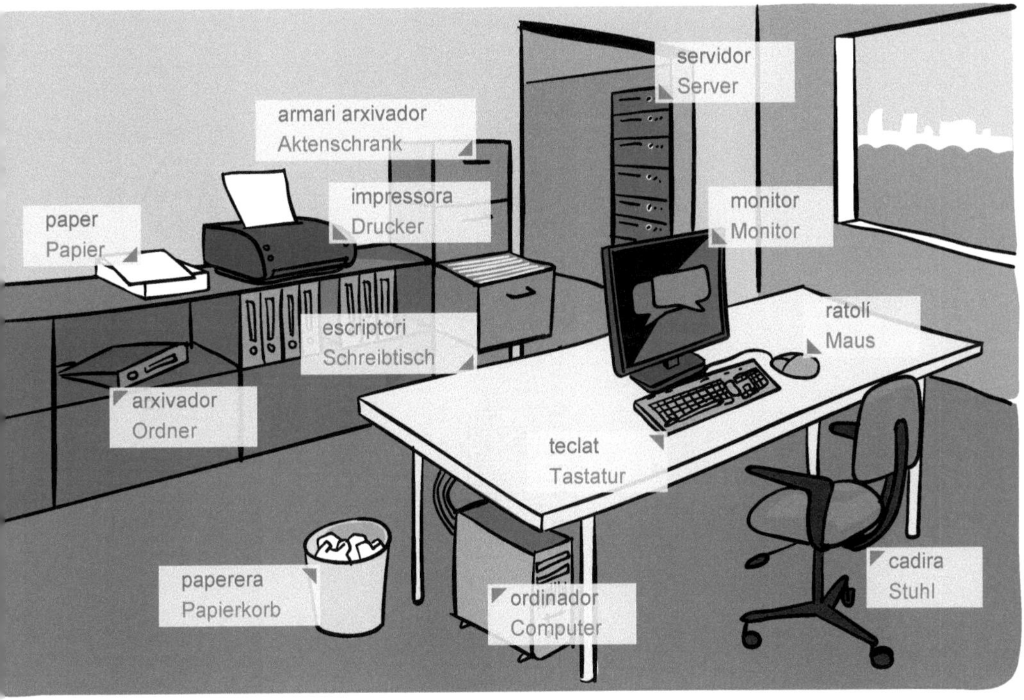

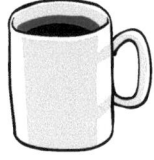

tassa de cafè

Kaffeebecher

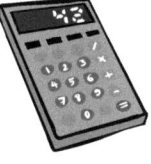

calculadora

Taschenrechner

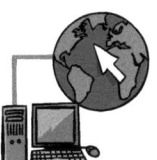

Internet

Internet

ordinador portàtil

Laptop

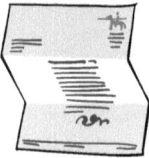

lletra

Brief

missatge

Nachricht

mòbil

Handy

xarxa

Netzwerk

fotocopiadora

Kopierer

programari

Software

telèfon

Telefon

presa de corrent

Steckdose

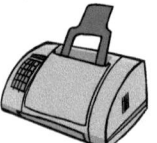

fax

Fax

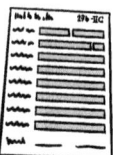

formulari

Formular

document

Dokument

comprar

kaufen

pagar

bezahlen

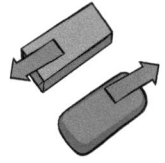

comerciar

handeln

diners

Geld

dòlar

Dollar

euro

Euro

ien

Yen

ruble

Rubel

franc suís

Franken

renminbi

Renminbi Yuan

rupia

Rupie

caixa automàtica

Geldautomat

oficina de canvi

Wechselstube

or

Gold

argent

Silber

petroli

Öl

energia

Energie

preu

Preis

contracte

Vertrag

impost

Steuer

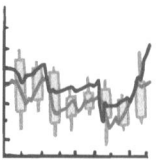

acció

Aktie

treballar

arbeiten

treballador

Angestellter

empresari

Arbeitgeber

fàbrica

Fabrik

botiga

Geschäft

oficial de policia
Polizist

bomber
Feuerwehrmann

cuiner
Koch

doctora
Arzt

pilot
Pilot

jardiner
Gärtner

fuster
Tischler

costurera
Näherin

jutge
Richter

química
Chemiker

actor
Schauspieler

conductor d'autobús

Busfahrer

taxista

Taxifahrer

pescador

Fischer

dona de la neteja

Putzfrau

ensostrador

Dachdecker

cambrer

Kellner

caçador

Jäger

pintor

Maler

forner

Bäcker

electricista

Elektriker

obrer de la construcció

Bauarbeiter

enginyer

Ingenieur

carnisser

Schlachter

llanterner

Klempner

correu

Postbote

soldat

Soldat

arquitecte

Architekt

caixera

Kassierer

florista

Florist

perruquer

Friseur

revisor

Schaffner

mecànic

Mechaniker

capità

Kapitän

dentista

Zahnarzt

científic

Wissenschaftler

rabí

Rabbi

imam

Imam

monjo

Mönch

capellà

Geistlicher

eines
Werkzeuge

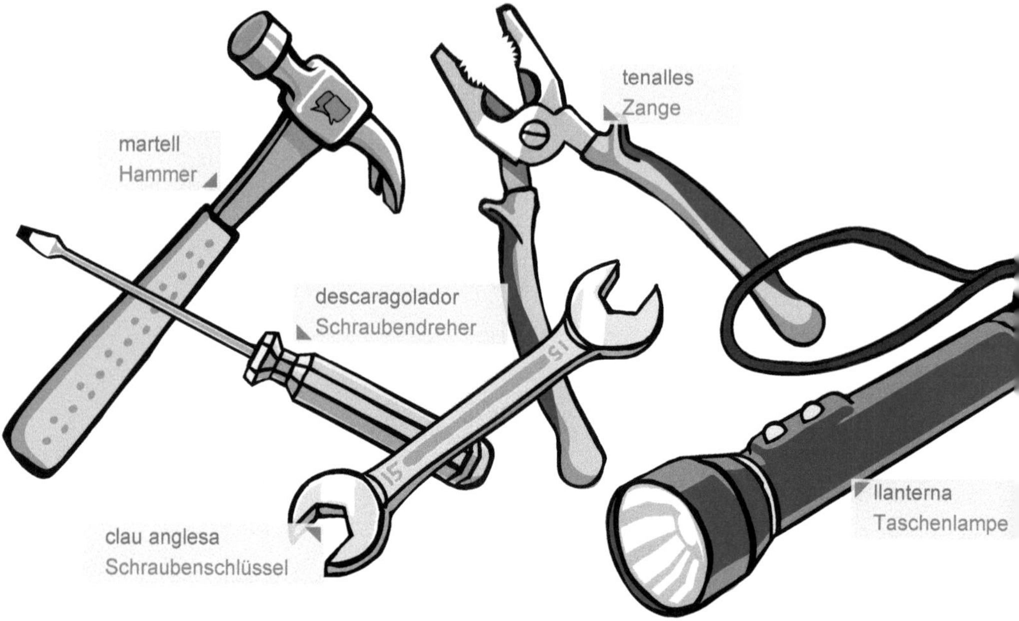
tenalles
Zange
martell
Hammer
descaragolador
Schraubendreher
llanterna
Taschenlampe
clau anglesa
Schraubenschlüssel

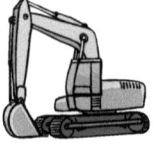

excavadora

Bagger

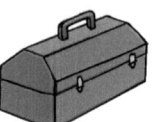

caixa d'eines

Werkzeugkasten

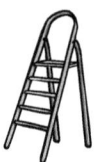

escala

Leiter

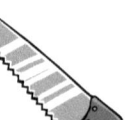

serra

Säge

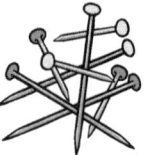

claus

Nägel

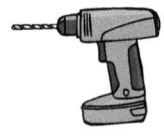

trepant

Bohrer

reparar
....
reparieren

pala
....
Schaufel

Maleït siga!
....
Mist!

pala
....
Kehrblech

pot de pintura
....
Farbtopf

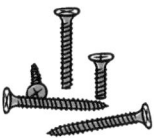

caragols
....
Schrauben

instrument de música
Musikinstrumente

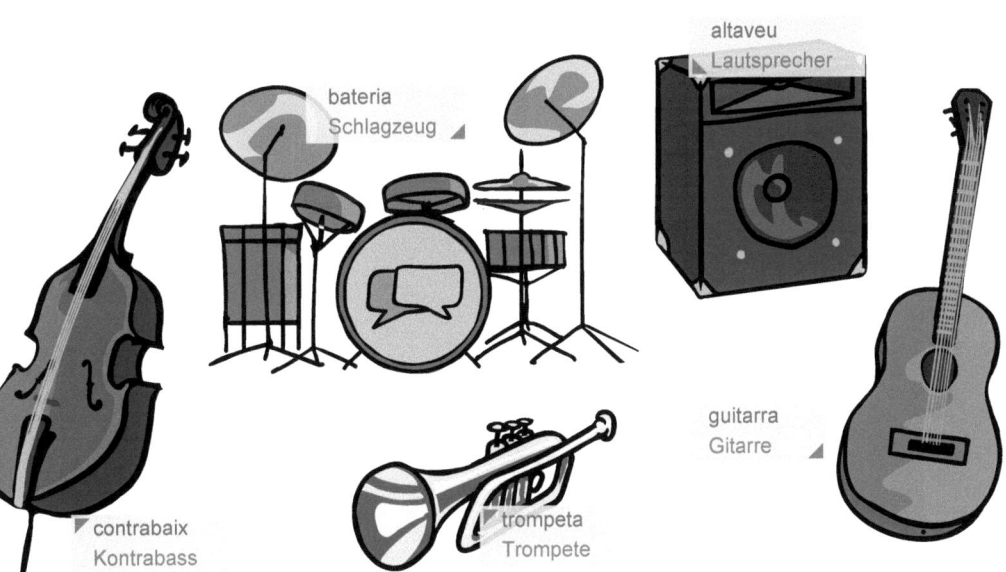

altaveu
Lautsprecher

bateria
Schlagzeug

guitarra
Gitarre

contrabaix
Kontrabass

trompeta
Trompete

piano
Klavier

violí
Violine

baix
Bass

timbal
Pauke

tambor
Trommeln

teclat
Keyboard

saxofon
Saxophon

flauta
Flöte

micròfon
Mikrofon

zoo
Zoo

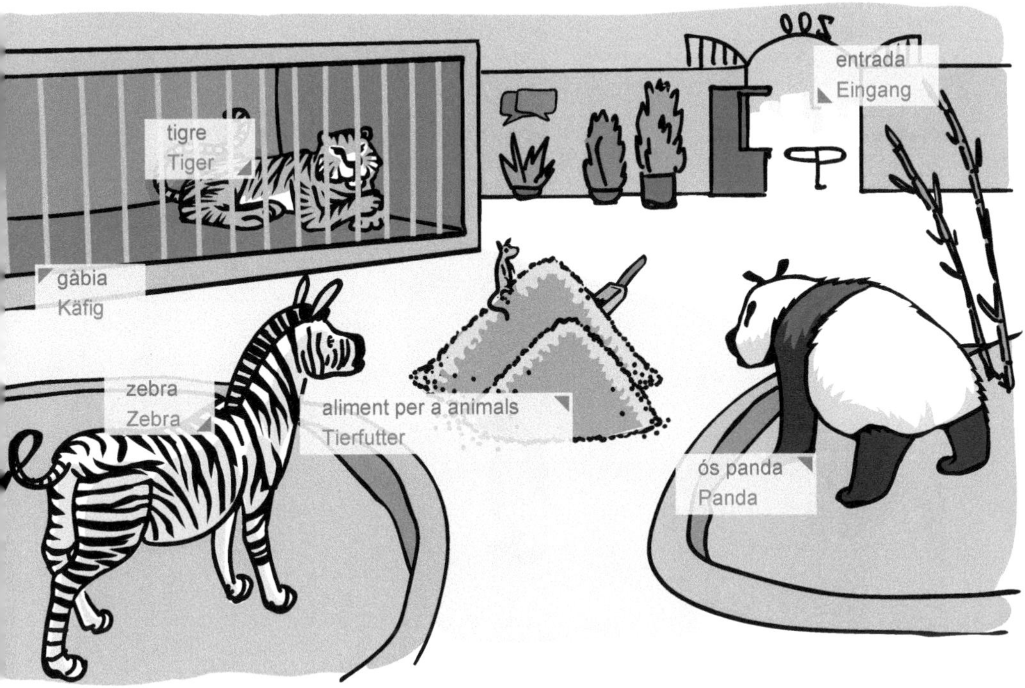

entrada
Eingang
tigre
Tiger
gàbia
Käfig
zebra
Zebra
aliment per a animals
Tierfutter
ós panda
Panda

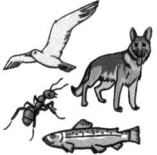

animals

Tiere

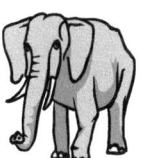

elefant

Elefant

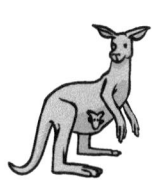

cangurú

Känguru

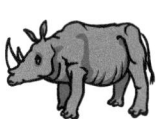

rinoceront

Nashorn

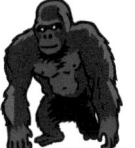

goril·la

Gorilla

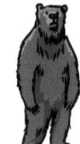

ós

Bär

camell

Kamel

estruç

Strauß

lleó

Löwe

simi

Affe

flamenc

Flamingo

papagai

Papagei

ós polar

Eisbär

pingüí

Pinguin

ca mari

Hai

paó

Pfau

serp

Schlange

cocodril

Krokodil

guardià del zoo

Zoowärter

foca

Robbe

jaguar

Jaguar

poni
Pony

lleopard
Leopard

hipopòtam
Nilpferd

girafa
Giraffe

àliga
Adler

senglar
Wildschwein

peix
Fisch

tortuga
Schildkröte

morsa
Walross

guineu
Fuchs

gasela
Gazelle

futbol americà
American Football

ciclisme
Radfahren

tenis
Tennis

bàsquet
Basketball

natació
Schwimmen

boxa
Boxen

hoquei sobre gel
Eishockey

futbol americà
Fußball

bàdminton
Badminton

atletisme
Leichtathletik

handbol
Handball

esquí
Skilaufen

polo
Polo

activitats
Aktivitäten

riure
lachen
saltar
springen
abraçar
umarmen
anar
gehen
cantar
singen
somiar
träumen
pregar
beten
fer un petó
küssen

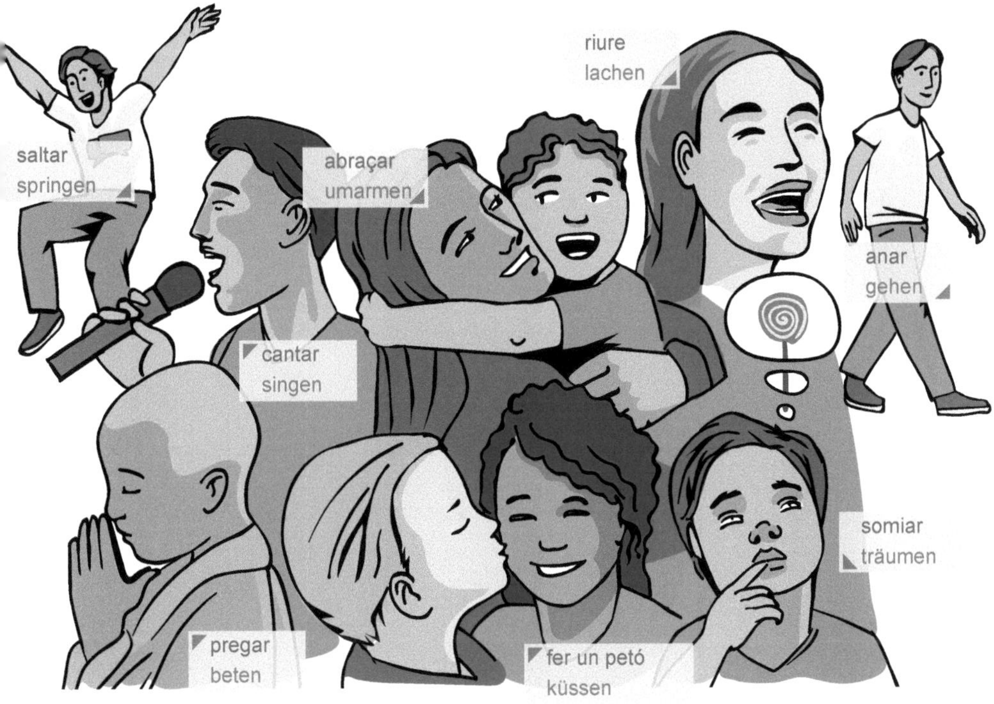

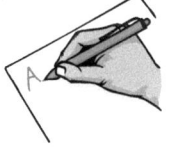

escriure

schreiben

dibuixar

zeichnen

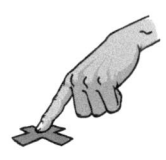

mostrar

zeigen

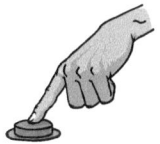

pitjar

drücken

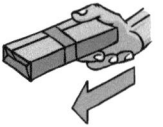

donar

geben

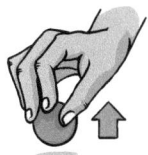

prendre

nehmen

tenir

haben

fer

tun

ésser

sein

estar dret

stehen

córrer

laufen

estirar

ziehen

llançar

werfen

caure

fallen

jeure

liegen

esperar

warten

portar

tragen

asseure's

sitzen

vestir-se

anziehen

dormir

schlafen

despertar-se

aufwachen

mirar
ansehen

plorar
weinen

amoixar
streicheln

pentinar
kämmen

parlar
reden

comprendre
verstehen

demanar
fragen

escoltar
hören

beure
trinken

menjar
essen

endreçar
aufräumen

estimar
lieben

cuinar
kochen

conduir
fahren

volar
fliegen

navegar

segeln

calcular

rechnen

llegir

lesen

aprendre

lernen

treballar

arbeiten

casar-se

heiraten

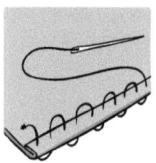

cosir

nähen

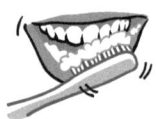

raspallar-se les dents

Zähne putzen

matar

töten

fumar

rauchen

enviar

senden

àvia
Großmutter

avi
Großvater

pare
Vater

mare
Mutter

nadó
Baby

filla
Tochter

fill
Sohn

convidat

Gast

tia

Tante

oncle

Onkel

germà

Bruder

germana

Schwester

cos

Körper

front
Stirn
ull
Auge
espatlla
Schulter
dit
Finger
cara
Gesicht
barbeta
Kinn
mà
Hand
cama
Bein
pit
Brust
braç
Arm

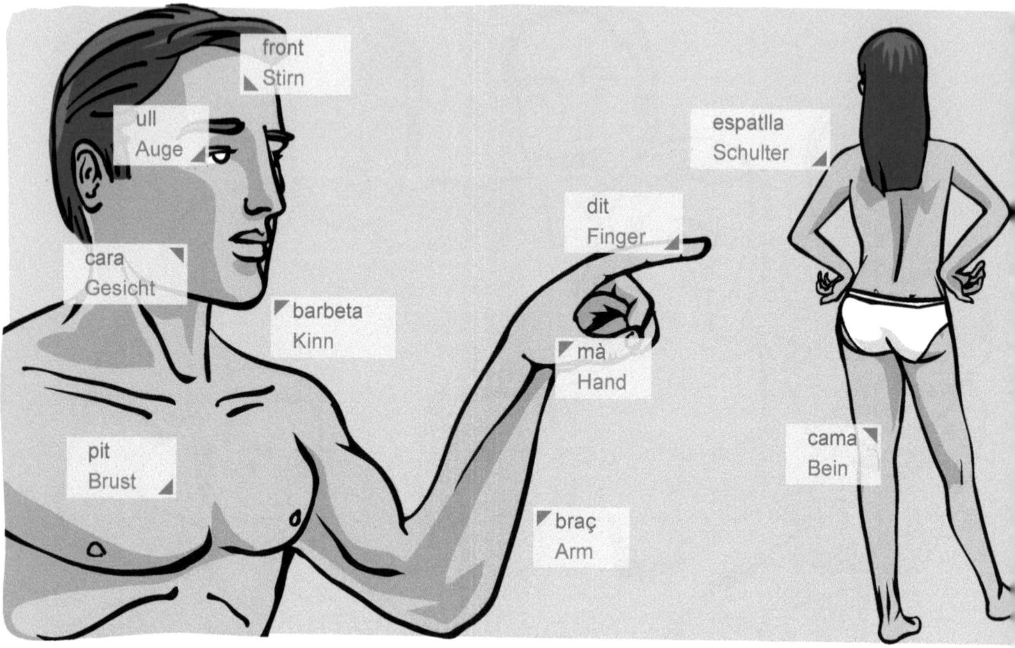

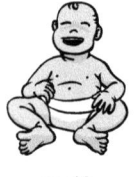

nadó

Baby

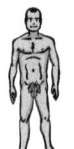

home

Mann

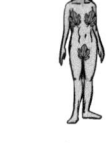

dona

Frau

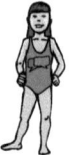

noia

Mädchen

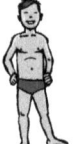

noi

Junge

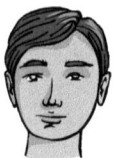

cap

Kopf

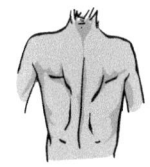

esquena

Rücken

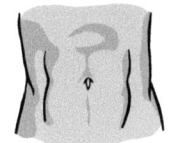

panxa

Bauch

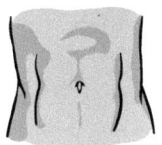

melic

Nabel

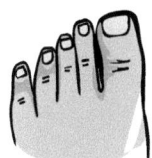

dit gros del peu

Zeh

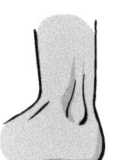

taló

Ferse

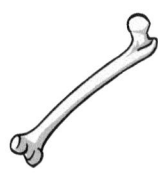

os

Knochen

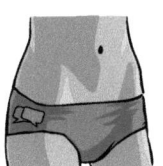

maluc

Hüfte

genoll

Knie

colze

Ellenbogen

nas

Nase

cul

Gesäß

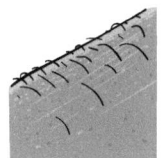

pell

Haut

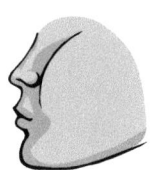

galta

Wange

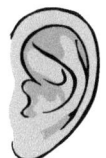

orella

Ohr

llavi

Lippe

cos - Körper

boca

Mund

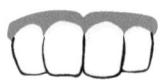

dent

Zahn

llengua

Zunge

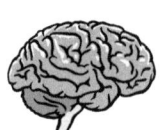

cervell

Gehirn

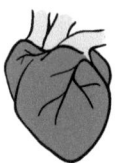

cor

Herz

múscul

Muskel

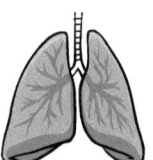

pulmó

Lunge

fetge

Leber

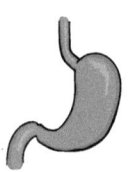

estómac

Magen

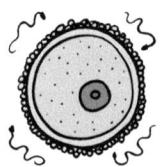

ronyó

Nieren

relació sexual

Geschlechtsverkehr

preservatiu

Kondom

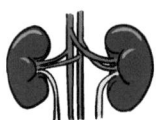

ovari

Eizelle

semen

Sperma

prenyat

Schwangerschaft

cos - Körper

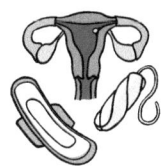

menstruació
Menstruation

vagina
Vagina

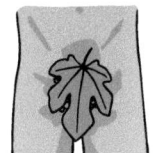

penis
Penis

cella
Augenbraue

cabells
Haar

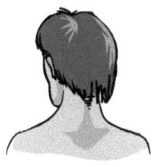

coll
Hals

hospital
Krankenhaus

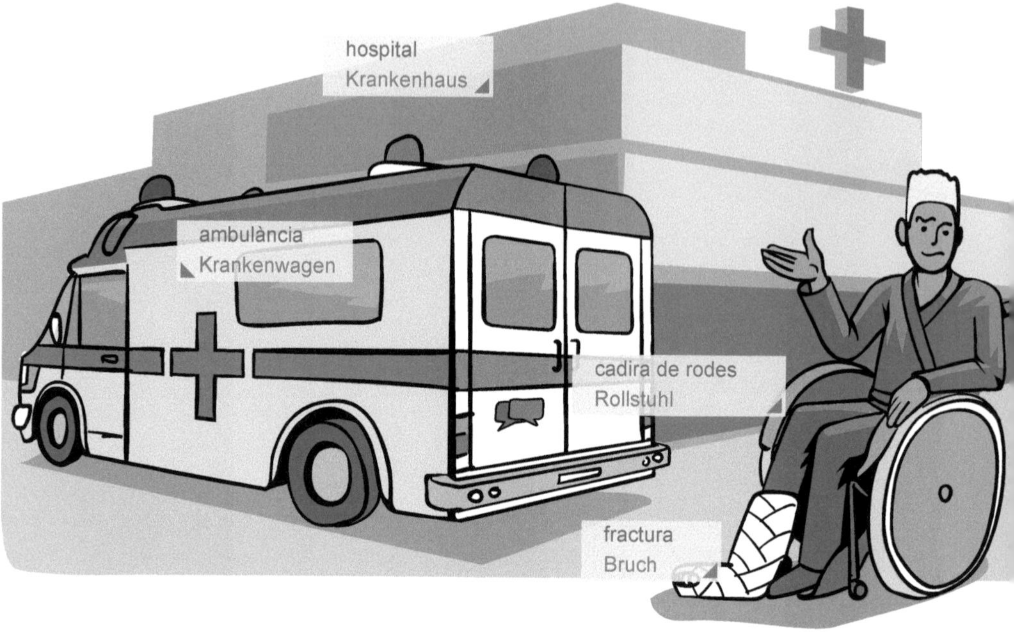

hospital
Krankenhaus
ambulància
Krankenwagen
cadira de rodes
Rollstuhl
fractura
Bruch

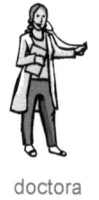

doctora

Arzt

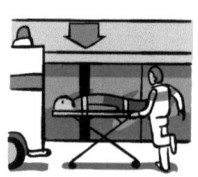

sala d'urgències

Notaufnahme

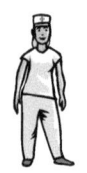

infermera

Krankenschwester

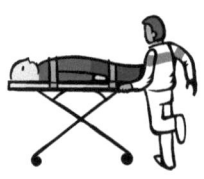

urgència

Notfall

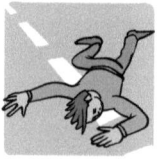

inconscient

ohnmächtig

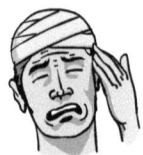

dolor

Schmerz

ferida
Verletzung

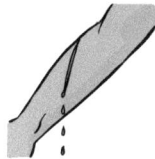

sagnament
Blutung

atac de cor
Herzinfarkt

apoplexia
Schlaganfall

al·lèrgia
Allergie

tos
Husten

febre
Fieber

gripa
Grippe

diarrea
Durchfall

mal de cap
Kopfschmerzen

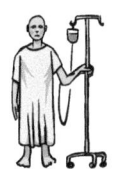

càncer
Krebs

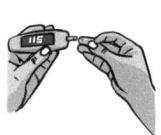

diabetis
Diabetis

cirurgià
Chirurg

escalpel
Skalpell

operació
Operation

tomografia computada (TC), TAC
....
CT

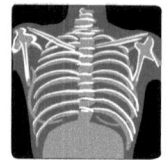

raigs x
....
Röntgen

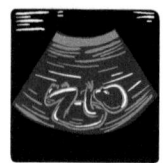

ultrasò
....
Ultraschall

mascareta
....
Maske

malaltia
....
Krankheit

sala d'espera
....
Wartezimmer

crossa
....
Krücke

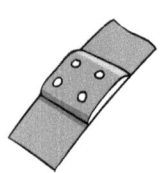

tireta
....
Pflaster

embenat
....
Verband

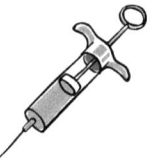

injecció
....
Injektion

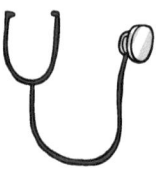

estetoscopi
....
Stethoskop

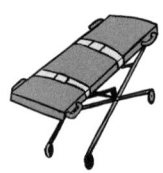

llitera
....
Trage

termòmetre clínic
....
Thermometer

pariment
....
Geburt

sobrepès
....
Übergewicht

aparell auditiu

Hörgerät

desinfectant

Desinfektionsmittel

infecció

Infektion

virus

Virus

VIH / SIDA

HIV / AIDS

medicina

Medizin

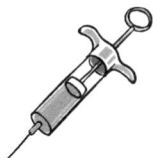

vaccí

Impfung

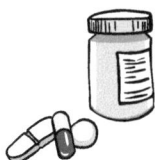

comprimits

Tabletten

píl·lola

Pille

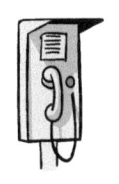

trucada d'urgència

Notruf

tensiòmetre

Blutdruck-Messgerät

malalt / sà

krank / gesund

Socors!

Hilfe!

alarma

Alarm

assalt

Überfall

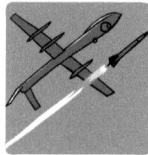

atac

Angriff

perill

Gefahr

sortida-eixida d'urgència

Notausgang

Foc!

Feuer!

extintor

Feuerlöscher

accident

Unfall

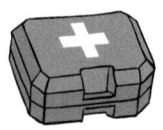

farmaciola de primers auxilis

Erste-Hilfe-Koffer

SOS

SOS

policia

Polizei

Europa

Europa

Amèrica del Nord

Nordamerika

Amèrica del Sud

Südamerika

Àfrica

Afrika

Àsia

Asien

Austràlia

Australien

Atlàntic

Atlantik

Pacífic

Pazifik

Oceà Índic

Indischer Ozean

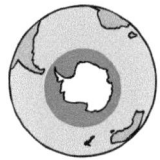

Oceà Antàrtic

Antarktischer Ozean

Oceà Àrtic

Arktischer Ozean

pol nord

Nordpol

pol sud

Südpol

Antàrtida

Antarktis

terra

Erde

país

Land

mar

Meer

illa

Insel

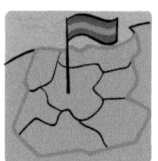

nació

Nation

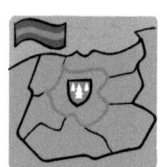

estat

Staat

quadrant

Zifferblatt

agulla de les hores

Stundenzeiger

agulla dels minuts

Minutenzeiger

agulla dels segons

Sekundenzeiger

Quina hora és?

Wie spät ist es?

dia

Tag

temps

Zeit

ara

jetzt

rellotge digital

Digitaluhr

minut

Minute

hora

Stunde

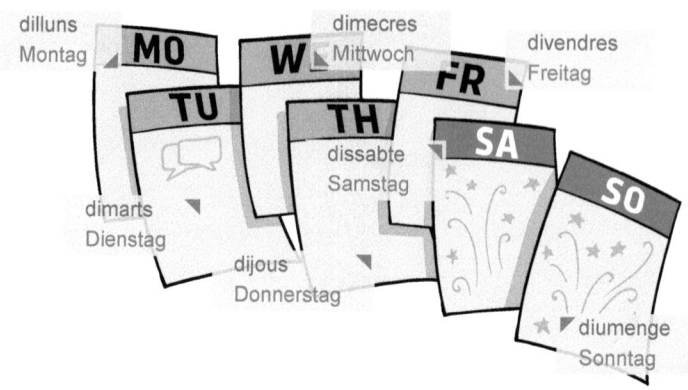

dilluns — Montag
dimarts — Dienstag
dimecres — Mittwoch
dijous — Donnerstag
divendres — Freitag
dissabte — Samstag
diumenge — Sonntag

ahir
gestern

avui
heute

demà
morgen

matí
Morgen

migdia
Mittag

tarda
Abend

dia feiner
Arbeitstage

cap de setmana
Wochenende

any

Jahr

pluja
Regen
arc de Sant Martí
Regenbogen
vent
Wind
neu
Schnee
primavera
Frühling
estiu
Sommer
tardor
Herbst
hivern
Winter

4.APRIL 11°
5.APRIL 4°
6.APRIL 13°
7.APRIL 8°
8.APRIL 10°

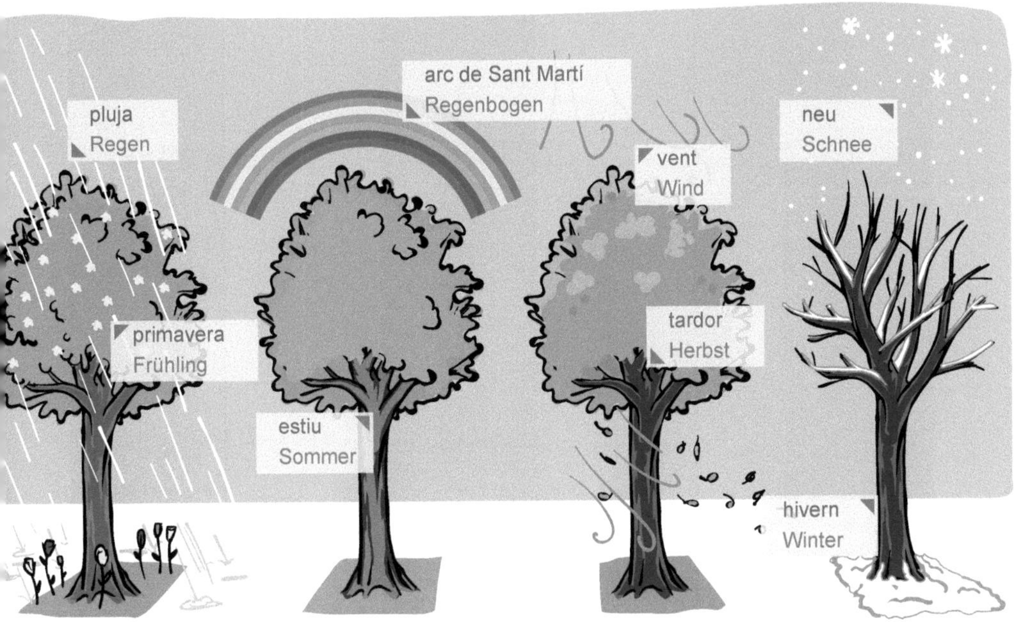

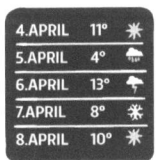

pronòstic del temps

Wettervorhersage

F C
120 40
90 30
60 20
30 10
0 0
-30 -10
-20

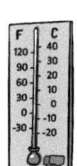

termòmetre

Thermometer

llum del sol

Sonnenschein

núvol

Wolke

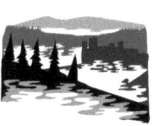

boira

Nebel

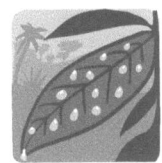

humiditat de l'aire

Luftfeuchtigkeit

llamp

Blitz

tro

Donner

tempesta

Sturm

calamarsa

Hagel

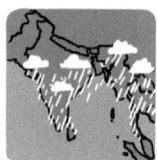

monsó

Monsun

inundació

Flut

gel

Eis

gener

Januar

febrer

Februar

març

März

abril

April

maig

Mai

juny

Juni

juliol

Juli

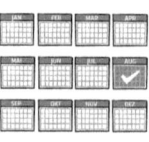

agost

August

any - Jahr

setembre
....
September

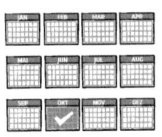

octubre
....
Oktober

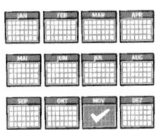

novembre
....
November

desembre
....
Dezember

cercle
....
Kreis

quadrat
....
Quadrat

rectangle
....
Rechteck

triangle
....
Dreieck

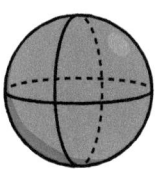

esfera
....
Kugel

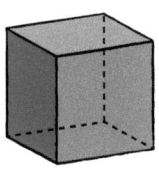

cub
....
Würfel

blanc

weiß

groc

gelb

taronja

orange

rosa

pink

vermell

rot

lila

lila

blau

blau

verd

grün

marró

braun

gris

grau

negre

schwarz

molt / poc

viel / wenig

emprenyat / tranquil

wütend / friedlich

bonic / lleig

hübsch / hässlich

començament / fi

Anfang / Ende

gran / petit

groß / klein

clar / fosc

hell / dunkel

germà / germana

Bruder / Schwester

net / brut

sauber / schmutzig

complet / incomplet

vollständig / unvollständig

dia / nit

Tag / Nacht

mort / viu

tot / lebendig

ample / estret

breit / schmal

comestible / immenjable

genießbar / ungenießbar

dolent / amable

böse / freundlich

entusiasmat / entediat

aufgeregt / gelangweilt

gros / prim

dick / dünn

primer / darrer

zuerst / zuletzt

amic / enemic

Freund / Feind

ple / buit

voll / leer

dur / tou

hart / weich

pesant / lleuger

schwer / leicht

gana / set

Hunger / Durst

malalt / sà

krank / gesund

il·legal / legal

illegal / legal

intel·ligent / ximple

intelligent / dumm

esquerra / dreta

links / rechts

prop / llunyà

nah / fern

nou / usat
....
neu / gebraucht

res / quelcom
....
nichts / etwas

vell / jove
....
alt / jung

encès / apagat
....
an / aus

obert / tancat
....
offen / geschlossen

silenciós / sorollós
....
leise / laut

ric / pobre
....
reich / arm

correcte / incorrecte
....
richtig / falsch

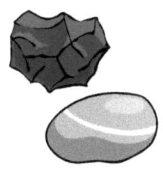

aspre / suau
....
rau / glatt

trist / content
....
traurig / glücklich

curt / llarg
....
kurz / lang

lent / ràpid
....
langsam / schnell

humit / sec - eixut
....
nass / trocken

calent / fred
....
warm / kühl

guerra / pau
....
Krieg / Frieden

0	**1**	**2**
zero	u	dos
null	eins	zwei

3	**4**	**5**
tres	quatre	cinc
drei	vier	fünf

6	**7**	**8**
sis	set	vuit
sechs	sieben	acht

9	**10**	**11**
nou	deu	onze
neun	zehn	elf

12

dotze
....
zwölf

13

tretze
....
dreizehn

14

catorze
....
vierzehn

15

quinze
....
fünfzehn

16

setze
....
sechzehn

17

disset
....
siebzehn

18

divuit
....
achtzehn

19

dinou
....
neunzehn

20

vint
....
zwanzig

100

cent
....
hundert

1.000

mil
....
tausend

1.000.000

milió
....
million

nombres - Zahlen

llengües
Sprachen

anglès
....
Englisch

anglès americà
....
Amerikanisches Englisch

xinès mandarí
....
Chinesisch Mandarin

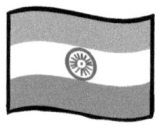

hindi
....
Hindi

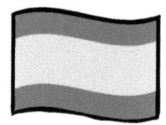

espanyol
....
Spanisch

francès
....
Französisch

àrab
....
Arabisch

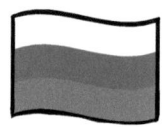

rus
....
Russisch

portuguès
....
Portugiesisch

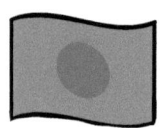

bengalí
....
Bengalisch

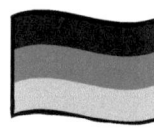

alemany
....
Deutsch

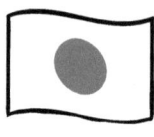

japonès
....
Japanisch

jo
ich

tu
du

ell / ella / allò
er / sie / es

nosaltres
wir

vosaltres
ihr

ells
sie

qui?
wer?

què?
was?

com?
wie?

on?
wo?

quan?
wann?

nom
Name

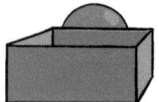

darrere

hinter

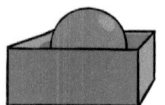

en

in

davant de

vor

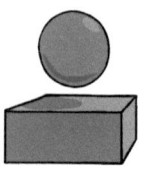

damunt

über

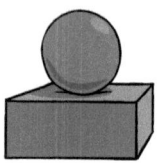

sobre

auf

sota

unter

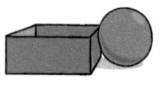

al costat

neben

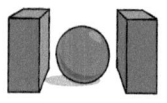

entre

zwischen

lloc

Ort